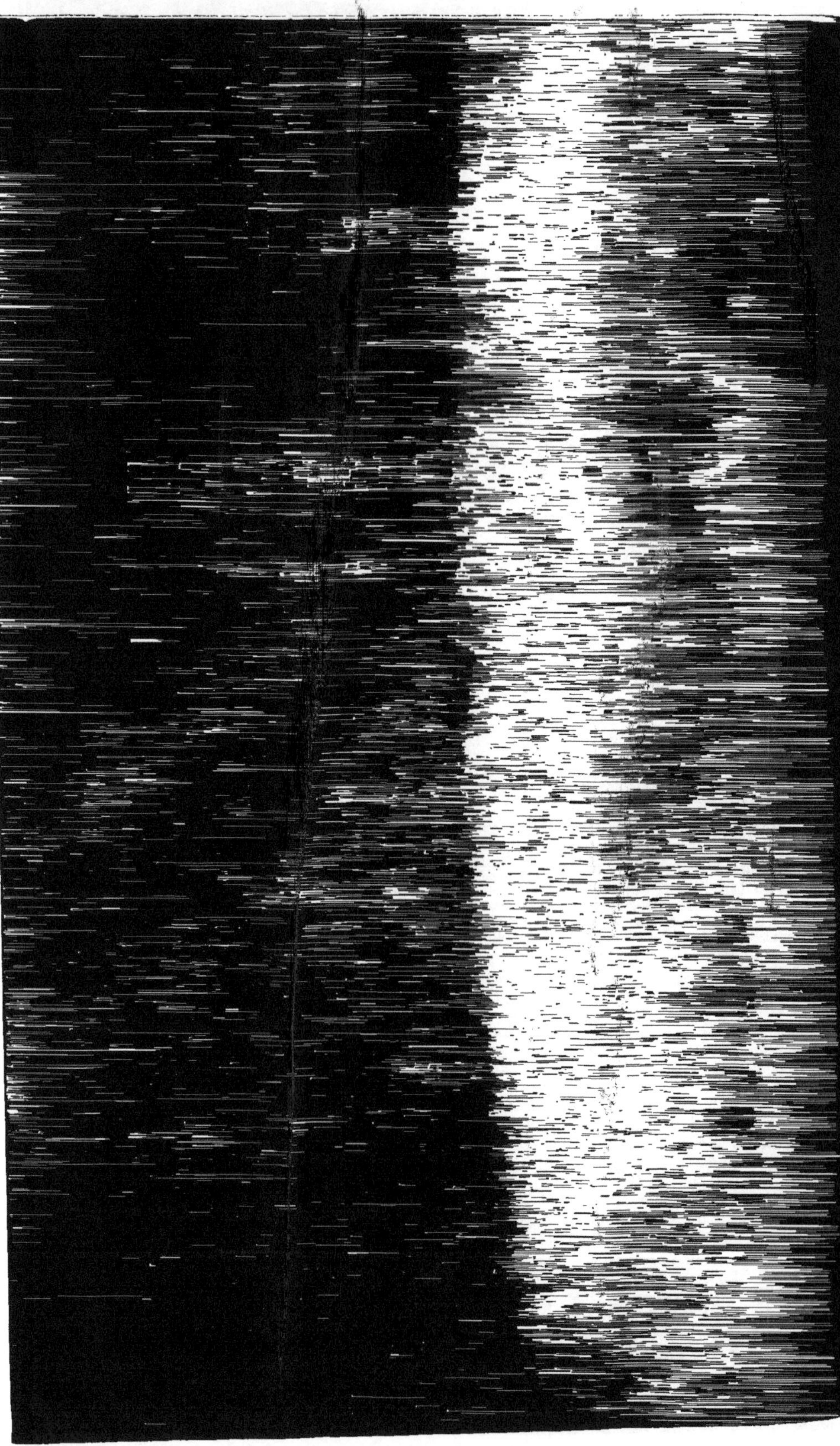

NOTICE BIOGRAPHIQUE

M. LALLART DE LEBUCQUIÈRE

Décédé le 11 Juillet 1883

ARRAS

IMPRIMERIE DE LA SOCIÉTÉ DU PAS-DE-CALAIS

P.-M. LAROCHE. DIRECTEUR

Rue d'Amiens, 43

1884

HÉLIOG DUJARDIN. PARIS.

NOTICE BIOGRAPHIQUE

M. LALLART DE LEBUCQUIÈRE

Décédé le 11 Juillet 1883

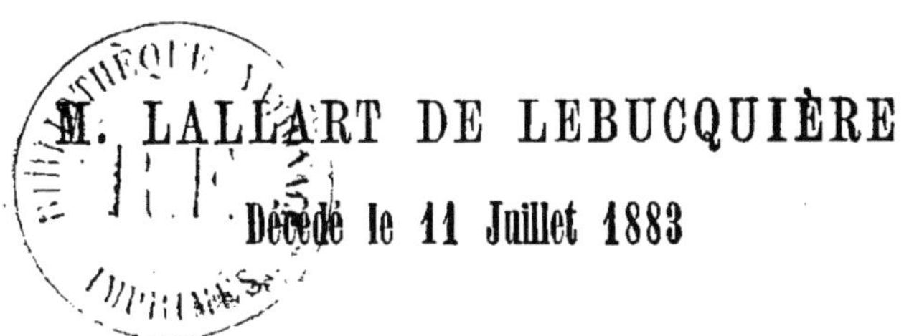

Vers la fin du XVᵉ siècle, la famille des **Lallart**, originaire de Douai, vint s'établir à Arras. Elle se distingua, à différentes époques, par les services signalés qu'elle rendit tant à cette ville qu'à la province d'Artois. Lorsque la sanglante révolution de 1793 éclata sur la France, cette famille fut cruellement frappée. Dix-huit de ses membres périrent dans les prisons ou sur l'échafaud (1).

Le 1ᵉʳ décembre 1793, Guislain Lallart de Lebucquière, âgé de 76 ans, ancien échevin de la ville d'Arras, était enfermé à l'abbatiale avec deux de ses enfants. Relâché, à la sollicitation des habitants, puis emprisonné de rechef, sur l'ordre de Le Bon, il fut envoyé au tribunal révolutionnaire le 21 avril 1794, condamné à dix heures, et exécuté à midi.

Sa fille monta sur l'échafaud le même jour.

Son fils Benoît Guislain fut mis à mort le 29 juin.

(1) *Histoire de Joseph Le Bon,* par A. J. Paris, Arras 1864.

Son frère, Antoine Lallart de Berlette, vieillard de 82 ans, mourut de douleur et de privations, dans la cour de la prison de l'hôtel de ville, entre les bras de son fils.

Plusieurs autres membres de la famille souffrirent toutes les angoisses d'une horrible captivité qui dura jusqu'au 9 thermidor.

Quelques-uns cherchèrent leur salut dans l'exil. Un second fils de Guislain, l'abbé Lallart de Lebucquière, chanoine et vicaire général d'Arras, alla rejoindre, en Wetsphalie, deux de ses sœurs, qu'il trouva réduites à vivre pauvrement du produit de leur travail.

Leur frère cadet, Charles-Louis, se réfugia à Hambourg qui était, à cette époque, ville libre et indépendante. Il y épousa, le 13 octobre 1801, Élisabeth Wilm, appartenant à une famille considérée du pays.

Le 27 juin 1804, Dieu leur donna un fils (1), qui naquit ainsi sur la terre d'exil, et qui va faire le sujet de cette rapide notice. Il fut baptisé à Altona, ville frontière du Danemarck, qui possédait un curé catholique, et il reçut au baptême le nom de Louis.

Quand il vint en France, à l'âge de neuf ans, Louis était orphelin. Sa tante, Mlle Lallart de Lebucquière, et son oncle, le chanoine, rentrés tous les deux d'émigration, l'accueillirent à Arras comme un fils bien-aimé. Ils ne tardèrent pas à le confier à l'affection et aux soins éclairés de Mme la baronne de Montigny (2), sa proche parente, qui l'emmena à Paris, lui

______

(1) De ce mariage naquit un second fils, Charles, qui mourut à Paris le 19 mai 1825, dans sa seizième année.

(2) Marie-Josèphe-Charlotte Lallart de Berlette, baronne Cardon de Montigny, sa cousine germaine, née à Arras le 13 juillet 1781.

fit suivre les mêmes cours que son fils, Jules de Montigny (1), et l'éleva avec toute la tendresse d'une mère.

Les deux écoliers étaient de même âge et de même force. Ils remportèrent de brillants succès aux collèges de Louis-le-Grand, d'Henri IV et de Saint-Louis ; et tous deux furent lauréats du grand concours en 1822, à la fin de leur année de rhétorique.

Quand ses études furent terminées, Louis revint en Artois auprès de son oncle et de sa tante. M. l'abbé Lallart de Lebucquière, tout entier à ses œuvres, venait d'établir la communauté des Dames Bénédictines du Saint-Sacrement, dont il peut être regardé comme le fondateur à Arras. Elles s'étaient d'abord fixées à Savy-Berlette ; il les appela à la ville, leur trouva un local et fut nommé leur supérieur en 1815.

« Pendant vingt-cinq ans, il ne cessa de prodiguer
« ses soins assidus aux religieuses et aux pensionnaires,
« et par sa sage direction, autant que par son haut
« patronage, il contribua puissamment à assurer à cette
« communauté, si distinguée d'ailleurs, la considéra-
« tion dont elle est environnée dans la ville et dans
« tout le pays (2). »

Avec l'aide de sa sœur et de quelques autres personnes charitables, il s'occupait de jeter les fondements de l'institut des sourds-muets, et de créer, pour les

---

(1) Le baron Jules Cardon de Montigny, né à Arras, le 1er novembre 1804, mort au Mont-Dore, le 14 août 1862, donna en 1849 sa démission de conseiller à la Cour d'appel de Paris, pour représenter à l'Assemblée législative le département du Pas-de-Calais.

(2) *Biographie de M. l'abbé Lallart de Lebucquière,* par M. l'abbé Robitaille. Arras, 1841. — M. l'abbé Arsène Lallart de Lebucquière, né à Arras le 17 septembre 1762, mort à Arras le 12 janvier 1841, vicaire général et doyen du chapitre, refusa l'évêché de Saint-Dié, auquel il avait été nommé par ordonnance royale du 7 avril 1823.

orphelines pauvres, la maison de Saint-Charles. Nous verrons plus loin la part que prirent l'oncle et le neveu dans l'organisation de cet important établissement de Saint-Charles.

Vers 1826, le vicomte Blin de Bourdon (1), préfet du Pas-de-Calais, s'attacha, comme secrétaire particulier, le jeune Louis qui n'avait alors que vingt-deux ans. Deux années plus tard, il lui donna sa fille en mariage, le 30 décembre 1828.

Cette union devait durer cinquante-trois ans. Jamais ménage ne fut plus doucement, plus chrétiennement uni. Les cœurs battaient à l'unisson. Sur le terrain de la charité, la femme ne le cédait en rien au mari. Elle fut, durant de longues années, la première présidente de l'Association maternelle d'Arras, et elle mourut présidente de l'Œuvre des pauvres malades d'Amiens.

Formé à l'école de son oncle, encouragé par la pieuse compagne de sa vie et de ses travaux, M. Louis Lallart de Lebucquière se donna tout entier aux œuvres de charité, avec une suite et un dévouement qui ne se démentirent pas un seul jour de sa longue existence. Les années de son séjour à Arras, séjour qui prit fin en 1846, furent naturellement les plus fécondes et les mieux remplies de son apostolat. La fondation de l'Association maternelle et de l'Œuvre de Marie remonte à cette époque.

Étudions rapidement sa part d'initiative et de dévouement dans l'organisation de l'Association maternelle, dont le but est de secourir les femmes en couches.

(1) Marie-Louis-Alexandre, vicomte Blin de Bourdon, né à Amiens le 27 avril 1782, mort à Paris, le 23 mars 1849, fut maire d'Amiens en 1817, préfet de l'Oise et du Pas-de-Calais, et député de la Somme.

Nous parlerons ensuite de cette œuvre de persévérance pour les apprenties et les jeunes ouvrières de la ville, que le pieux chrétien tint à mettre, dès le premier jour, sous le patronage et l'invocation de la Reine du ciel, en l'appelant l'Œuvre de Marie.

Voici quels furent les commencements de l'Association maternelle.

A la tête de la maison de la Charité d'Arras, la Providence avait placé une femme d'un rare mérite, la sœur de Rolleau (1), qui savait mettre au service des bonnes œuvres, trois qualités bien précieuses : le zèle, la prudence et l'abnégation.

Émue de compassion à la vue de la détresse des pauvres mères, qui trop souvent, hélas ! manquent du nécessaire pour abriter leur nouveau-né, et pour se soutenir elles-mêmes, la sœur de Rolleau cherchait le moyen de leur venir en aide d'une façon normale et permanente. Madame Lallart de Lebucquière, à qui elle fit part de son généreux dessein, s'y associa de grand cœur, prit activement l'affaire en main, et devint la première présidente de l'Association maternelle d'Arras.

Le concours de son mari ne lui fit pas défaut. Grâce à lui, l'œuvre nouvelle s'établit du premier coup sur une base solide. Avec la netteté et la précision qui caractérisaient son esprit, il traça des règles et créa des ressources à la Société naissante.

En 1849, Mme Lallart de Lebucquière qui, depuis plusieurs années, n'habitait plus Arras, dut se résoudre, bien à regret, à abandonner la présidence de

(1) La sœur de Rolleau, de la congrégation des Filles de la Charité, mourut, le 30 novembre 1865, supérieure de la maison de Charité d'Arras.

cette Association dont elle était l'âme. Son mari, cédant à de pressantes sollicitations, consentit à garder, malgré l'éloignement, la haute direction de l'Œuvre. Tant que ses forces le lui permirent, c'est-à-dire jusqu'à l'avant-dernière année de sa vie, il continua de venir régulièrement, à la fin de chaque exercice, présider la réunion des Dames, mettre les comptes en ordre, aplanir les difficultés, et prêcher par son exemple, mieux encore que par sa parole, le dévouement, l'exactitude et l'oubli de soi-même.

Le 28 décembre 1881, le zélé chrétien se rendit pour la dernière fois à l'assemblée annuelle de l'Association ; et sous l'impression d'un deuil profond, mais d'une foi plus profonde encore, lui adressa cette suprême et touchante allocution :

« Mesdames,

« C'est avec une vive émotion que je viens assister à votre réunion annuelle. J'ai oublié que mes forces physiques et intellectuelles ne répondaient plus à la tâche de diriger vos délibérations, pour me rappeler seulement qu'il y avait pour moi un devoir à remplir, celui de rendre hommage devant vous à celle que Dieu m'avait donnée pour compagne il y a cinquante-trois ans, et qu'il a enlevée le 1ᵉʳ juin dernier, dans la 75ᵉ année de son âge, à l'affection de sa famille, aux bonnes œuvres qu'elle dirigeait ou soutenait, aux pauvres dont le soulagement était la constante préoccupation de sa vie, à celle enfin qui fut la première présidente et comme la fondatrice de votre œuvre.

« Grâce à elle, les premières difficultés de toute bonne œuvre naissante et de la vôtre particulièrement furent surmontées par son esprit de douceur et de conciliation et par sa persévérance.

« Elle resta présidente pendant plusieurs années, ce fut la période la plus prospère de l'Œuvre ; elle put, en cet heureux temps, satisfaire largement à ses besoins, sans subvention aucune, sans autre ressource que la charité, et faire même des économies dont vous profitez aujourd'hui.

« Quand des devoirs de famille obligèrent Madame Lallart de Lebucquière à quitter Arras, elle resta toujours attachée à l'Œuvre, et lui témoigna son constant intérêt par sa souscription annuelle.

« Fixée à Amiens, elle sut s'y faire estimer et aimer de tous par son caractère aimable, par son affabilité, son indulgence, son dévouement à toutes les bonnes œuvres et son amour des pauvres.

« Elle n'aimait rien tant qu'une vie humble et obscure, faisant le bien sans se montrer, et ce fut à grand'peine qu'on parvint à lui faire accepter la présidence de l'Œuvre des pauvres malades. C'était cependant bien dans ses goûts de charité : visiter, assister, consoler, ramener à Dieu les déshérités de ce monde. Ces fonctions, elle les remplissait avec une scrupuleuse exactitude, s'en occupant dans les moindres détails, visitant et encourageant les Dames de l'Œuvre, même quand sa santé lui eût demandé le repos ; mais rien ne pouvait arrêter son zèle, et plus ses forces diminuaient, plus grandissait en elle l'amour des pauvres.

« En même temps on voyait augmenter la tendresse qu'elle portait à ses enfants, à ses petits et arrière-petits enfants. Qu'elle était heureuse quand elle pouvait leur faire plaisir ! Aussi tous l'aimaient et la bénissaient.

« La piété est sœur de la charité. Plus elle aimait, plus aussi sa piété augmentait. Du tiers-ordre de Saint-François, elle en suivait les règles autant, plus peut-être que sa santé eût dû le lui permettre ; et en mourant elle cherchait encore de sa main défaillante le cordon de Saint-François qui ceignait ses reins.

« Après de longues années de souffrances supportées avec une patience inaltérable, elle a terminé une si belle vie par la mort la plus édifiante.

« Puisse, Mesdames, l'exemple de votre première présidente vous encourager à marcher sur ses traces ; à vous dévouer toujours comme elle à Dieu, aux pauvres et aux bonnes œuvres. »

Ces derniers conseils furent comme le suprême adieu que le vieillard, pressentant sa fin prochaine, tint à venir adresser lui-même, dix-huit mois avant de mourir, à cette Œuvre qui avait toujours occupé une si grande place dans son affection et dans sa vie de charité.

La fondation de l'Œuvre de Marie date du 26 janvier de l'année 1843. M. Lallart de Lebucquière commençait à s'occuper de l'éducation de ses deux filles, éducation qu'il ne voulut confier à personne. La pensée lui vint de chercher à procurer aussi aux filles de l'ouvrier les avantages d'une bonne éducation ; ou du moins d'y suppléer dans les limites du possible, au moyen du patronage exercé sur la fille du pauvre par la fille du riche, dans un but de préservation et de moralisation chrétienne.

Le cœur large et généreux de la sœur de Rolleau accueillit l'idée avec empressement. L'entente fut vite faite, et on se mit aussitôt à la besogne.

Tout d'abord la zélée supérieure offrit un local dans

la Maison de la Charité. Quelques jeunes filles de la meilleure société répondirent à son appel. M. Lallart de Lebucquière leur montra le but de l'Œuvre, en développa le plan et esquissa un projet de réglementation. Mlle du Cardonnois et Mlle Aimée Terninck acceptèrent les fonctions de présidente et de vice-présidente ; on adopta définitivement un règlement, et l'Œuvre de Marie se trouva fondée.

Quarante années se sont écoulées. Le zèle des directrices ne s'est pas ralenti. Avec le concours précieux des sœurs de Saint-Vincent de Paul, avec la haute approbation du clergé et la bénédiction visible de Dieu, elles continuent de remplir sans défaillance leur mission de charité.

Cette mission se trouve très nettement résumée dans les deux premiers articles du règlement du Patronage des jeunes ouvrières à Paris.

Les voici :

Art. 1er.

L'Œuvre des apprenties et des jeunes ouvrières place en apprentissage les jeunes filles qui viennent de faire leur première communion, surveille leur conduite pendant la semaine, les réunit les dimanches et fêtes, et récompense leur travail et leur bonne conduite.

Art. 2.

Les personnes associées à l'Œuvre se divisent en membres actifs et en membres honoraires. Les membres actifs se chargent de patronner une ou plusieurs apprenties.

Ce règlement de l'Œuvre de Paris fut presque entièrement calqué sur celui d'Arras ; voici par suite de quelles circonstances. En 1849, une femme, au cœur ardent et généreux, cherchait, de son côté, à créer dans Paris une œuvre de persévérance pour les filles du peuple. Un numéro des *Annales de la Charité,* où se trouvait un compte-rendu de la fondation et du développement de l'Œuvre de Marie, tomba sous ses yeux. Ce fut une révélation.

M. Lallart de Lebucquière, invité à entrer en relations avec le vicomte de Melun et l'abbé de la Bouillerie, alors vicaire général de Paris, leur apporta le règlement de l'Œuvre d'Arras. Tous les articles en furent étudiés et discutés avec soin ; finalement le règlement fut adopté. L'Œuvre de Paris était créée ; mais ses débuts furent lents et laborieux. Écoutons M. Lallart de Lebucquière nous le raconter dans un de ces comptes-rendus qu'il avait l'habitude de venir lire, chaque année, à l'assemblée générale de l'Œuvre de Marie. Le 3 février 1850, s'adressant aux patronnesses, il leur disait :

« Mesdemoiselles,

« Une œuvre pour le patronage des jeunes filles voulait s'établir à Paris. Les dames qui s'en occupaient entendent parler de l'Œuvre de Marie fondée à Arras ; elles en admirent le règlement, l'harmonie, les bons effets, et aussitôt elles cherchent à vous imiter : votre exemple les encourage, vos succès les soutiennent, et, grâce à vous, elles espèrent aussi fonder à Paris une œuvre de moralisation pour la classe ouvrière, de bénédiction pour elles et pour la France. Moi, Mesdemoiselles, à qui vous avez valu une sorte de célébrité dont je suis certes bien indigne, j'ai été appelé au milieu de ces dames et j'ai été heureux de leur parler de vous. J'ai dit comment Dieu avait voulu

cette Œuvre ; avec quel zèle, quelle foi, quelle abnégation vous vous dévouiez à ces enfants de Marie ; j'ai
parlé de ces jeunes filles si nombreuses, de leur bonne
volonté, des effets heureux de votre surveillance, du
succès de vos quêtes, de l'admirable courage avec
lequel vous alliez frapper même aux portes les moins
faciles à s'ouvrir ; je leur ai dit l'assistance si utile et
si nécessaire que vous prêtaient les sœurs de Charité
et de Sainte-Agnès, les instructions, les sages conseils,
le concours si dévoué que vous apportaient les minis-
tres des autels ; j'ai tâché enfin par quelques faibles
paroles de leur faire sentir tout ce que cette Œuvre
avait d'utile pour elles et d'avantageux pour la société.
Pour un instant je me suis cru au milieu de vous, et
le souvenir de la patrie absente a été droit à mon
cœur. Mes paroles ont excité l'admiration, je dirai
même l'envie de ces dames ; car leurs débuts sont
pénibles, les difficultés sont grandes ; elles manquent
à peu près de tout : d'enfants, d'argent, de local, de
secours religieux ; ou du moins elles n'ont de tout cela
qu'une quantité insuffisante. Mais la piété les guide,
la foi les soutient, la charité les anime, et vous savez
par expérience combien Dieu vient en aide à ceux qui
mettent en lui leur amour et leur confiance. Voilà
donc, Mesdemoiselles, une conséquence de votre zèle,
un nouvel effet de la volonté de Dieu. C'est un rejeton
qui s'élance de l'arbre que vous avez planté ; c'est une
jeune sœur qui veut marcher sur vos traces, et qui
m'a chargé de réclamer de vous une communauté
d'intérêt et de prière. »

En dépit des obstacles qu'elle rencontra sur sa route,
l'Œuvre de Paris arriva à de merveilleux résultats :
elle compte aujourd'hui cent patronages et douze

mille jeunes filles. Par ses sages conseils, par ses pressants encouragements, M. Lallart de Lebucquière aida beaucoup cette œuvre naissante à triompher des difficiles épreuves de la première heure. A diverses reprises, il présida à Paris ses réunions générales ; et il ne cessa de lui témoigner, jusqu'à la fin, le plus vif intérêt. Sa correspondance nous le montre suivant, de loin, sa marche et ses combats, applaudissant à ses efforts, et bénissant Dieu de son accroissement magnifique. Plus d'une fois, adressant la parole aux assemblées de l'Œuvre de Marie d'Arras, il se complut à citer l'exemple de l'Œuvre-sœur de la capitale, afin d'exciter à la persévérance les jeunes patronnées, et d'encourager les patronnesses en leur montrant le bien qui se faisait ailleurs.

Les rapports d'œuvres et de charité qu'il noua, en 1849, avec la chrétienne zélée que nous venons de voir chercher à établir dans Paris le premier patronage de jeunes filles, persévérèrent, malgré l'éloignement, jusqu'à son dernier jour. Il suffira, pour nous édifier sur le caractère intime de ces longues relations, de prendre au hasard, parmi cette correspondance de plus de trente années, une de ses lettres, datée d'Amiens, le 7 avril 1857 :

« Mademoiselle,

« Je me sens pressé de vous répondre ; il me semble que Dieu, en me faisant vous demander une communion de nos âmes plus intime en lui et en m'engageant à vous parler à ce sujet, quand j'avais tant d'autres choses à vous dire, a voulu que je m'intéressasse plus particulièrement à votre âme, et qu'il me fait comme un devoir de vous convertir à la très-fréquente communion. Ma lettre était indiscrète, je vous en demande pardon ; et cependant, loin de m'en repentir, je vais aggraver ma faute, en insistant sur un sujet qui m'est cher par-dessus tous les autres. Mais comment ne pas essayer de faire partager aux personnes auxquelles je m'intéresse, et vous savez quel intérêt Dieu m'a inspiré pour vous, le bonheur dont je jouis, tout indigne que je suis ? Malheureusement, par lettre, je ne puis vous dire toutes les raisons qui se présentent en foule à mon esprit ! Je laisse au bon Dieu, à la Mère des douleurs, le soin de suppléer à l'insuffisance de mes paroles. Ce n'est pas la première fois qu'en pareille occasion sa grâce me sera venue en aide.

« Oh ! oui ! je souffre de vous voir privée de ce pain vivifiant qui devrait être la nourriture quotidienne de nos âmes. Comment vous, si cruellement éprouvée dans vos affections de famille, ne sentez-vous pas que, là seulement, vous pouvez trouver la force de supporter vos épreuves : qu'en déposant le plus souvent possible aux pieds du Dieu de la croix, dans son cœur, vos peines et vos souffrances, vous rendrez le fardeau moins pesant, et que vous obtiendrez la patience et la résignation pour ceux qui vous sont chers, et même l'allégement de leurs douleurs ?

« Comment vous, si tourmentée dans votre œuvre, au milieu de toutes les tribulations par lesquelles vous avez passé, comment n'avez-vous pas été entraînée à chercher sans cesse votre refuge, votre force, votre lumière à cette table sainte, où l'on trouve toutes ces divines ressources avec d'autant plus d'abondance qu'on s'en approche plus souvent ?

« Vous si charitable, si dévouée, si ardente pour le

bien, n'éprouvez-vous pas le besoin de retremper votre âme au foyer vivant de la charité, du dévouement, de tout bien ? Ce doit être là pour nous la conséquence, la suite nécessaire, la récompense des bonnes œuvres dont nous nous occupons. Elles doivent nous unir plus intimement à Dieu ; car la sainte communion est sur la terre l'union la plus intime que nous pouvons contracter avec Dieu. Vous en avez besoin pour vous, vous en avez besoin pour vos enfants. Allez à ces chères filles adoptives avec le bon Dieu dans le cœur, et vous verrez comment Dieu bénira vos paroles, vos efforts. Tout pécheur, tout indigne que je suis, je l'ai éprouvé bien des fois, et si Dieu m'a appelé à la fréquente communion, c'est en grande partie au peu de bien que j'ai pu faire que je le dois, j'en suis convaincu. Vous me direz que vous en êtes indigne, je le sais ; qui de nous en est digne ?

« Écoutez mon histoire. Un saint prêtre, l'abbé Dumarsais, chanoine de Paris, que j'ai laissé dernièrement mourant avec une admirable résignation, il y a douze ans, le mercredi saint, après m'avoir confessé (je communiais alors aux grandes fêtes de l'année), me dit en me reconduisant : « Il ne vous manque qu'une chose. — Laquelle? — De communier trois ou quatre fois.... — Par mois ? — Non, par semaine. » Je me suis mis à rire, je crus qu'il plaisantait. « Essayez, ajouta-t-il, et puis nous verrons. » J'obéis d'abord, et puis je cherchai à lui prouver que c'était impossible. Je lui démontrai mon indignité, ma vie, ma position, mes occupations. A tout cela il n'avait qu'une réponse : « Raison de plus ! »

« Je vous en prie, Mademoiselle, faites comme moi ; méditez cette parole, elle répondra à toutes vos objections; vous trouverez le temps malgré vos occupations, et même à cause d'elles ; votre indignité ne sera pas un obstacle, car plus on s'éloigne de la sainte Table, moins on en est digne ; et l'on n'est jamais mieux disposé que le lendemain du jour où l'on a goûté ce bonheur.

« J'ai donc obéi malgré ma raison, et j'ai trouvé là bien de la force dans ma faiblesse, des lumières dans mon obscurité et des grâces sans nombre malgré mon indignité. J'ajoute que toutes les fois, ou la seule fois que je me suis ralenti de cette sainte pratique, je m'en suis bien mal trouvé.

« Puissé-je, Mademoiselle, vous obtenir le même bonheur. Je le demanderai demain à Jésus dans mon cœur. Je ne connais pas de meilleure, j'ose dire d'autre prière. Si j'insiste tant, c'est que je crois que le succès ou le progrès de votre œuvre en dépend, c'est que sans cela je ne me sens plus le courage de m'occuper de cette pieuse Association dont vous devez être la pierre fondamentale.

« Je ne vous en écris donc pas aujourd'hui ; mais j'y songe néanmoins toujours, sans y voir grande possibilité. Il me semble qu'il y a là un obstacle que vos prières pourront lever. Dieu, j'espère, vous donnera quelque sainte inspiration. Tous ces jours-ci je m'unirai de tout cœur à vous devant Dieu pour qu'il bénisse la retraite de vos chères enfants et qu'il vous accorde de nombreuses et bonnes communions pascales.

« Pardon, encore une fois, Mademoiselle, pardon. Je ne puis expliquer ma hardiesse qu'en me disant, en Jésus et Marie, votre dévoué, votre très-humble serviteur.

« E. DE LEBUCQUIÈRE. »

Ce touchant appel fut entendu. La chrétienne, si zélée pour les œuvres de Dieu, finit par se rendre aux pressantes sollicitations de son pieux correspondant; car nous le voyons, en 1865, lui « donner le *rendez-* « *vous quotidien* aux pieds de Celui qui prodigue à « nos âmes sa divine nourriture pour les diriger et « les fortifier. »

Quelques années plus tard, d'une main déjà défaillante, mais avec une foi de plus en plus vive, il l'exhorte à rester fidèle à sa communion quotidienne.

« Mademoiselle,

« Recevoir de vos nouvelles est toujours une grande jouissance pour moi, bien que je voie avec peine que des occupations diverses et multipliées absorbent tout votre temps et vous fatiguent outre mesure. Vous auriez tort, il me semble, d'y voir une raison de vous priver de la sainte Communion, dans la crainte d'une préparation insuffisante. Ces devoirs, ces travaux, si humbles qu'ils soient, tout en vous préoccupant plus que vous ne voudriez, du moment où vous les offrez au bon Dieu, sont, par cela même, surnaturalisés et deviennent une préparation pour vous approcher de la table sainte. Si donc vous avez le temps d'aller à la messe, allez, avec une humble confiance, recevoir le bon Maître ; ce n'est qu'auprès de lui qu'on peut trouver un peu de calme ; et, comme malgré vous, votre esprit se reportera sur les sujets qui vous préoccupent, parlez-lui de ces affaires et de ces inquiétudes ; confiez tout cela à son Cœur divin par le cœur de Marie, et vous vous trouverez plus forte, plus éclairée et plus confiante dans l'avenir. »

Le fervent chrétien correspondait ainsi avec un petit nombre de personnes dignes de le comprendre. Son zèle du salut des âmes éclate à chaque page des quelques lettres que l'on a pu recueillir. Profondément pénétré du sentiment de son inutilité et de son indignité, cherchant toujours et avant tout la volonté de Dieu, il poursuivait avec ardeur l'œuvre de sa sanctification tout en travaillant, en véritable apôtre, à celle de son prochain.

Voyons-le maintenant remplir ce même apostolat avec une admirable persévérance de quarante années, dans l'Œuvre de Saint-Charles, dont il nous reste à parler.

L'orphelinat de Saint-Charles est un pieux asile où, sous l'œil maternel et vigilant des Sœurs de Saint-Vincent de Paul, sont logées, élevées, instruites, formées au travail et à la vertu, plus d'une centaine d'enfants et de jeunes filles, dont la pension est fournie soit par des bienfaiteurs, soit par des bourses de fondation, soit encore par le produit de leur travail.

La direction de cette Maison de Saint-Charles, qui était une fondation de sa famille, appartint, comme de droit, à M. Louis Lallart de Lebucquière, après la mort de son vénérable oncle. Déjà deux ans auparavant, en 1839, le Cardinal de la Tour d'Auvergne, évêque d'Arras, l'avait officiellement désigné pour remplir les fonctions d'administrateur de la Maison.

Voici ce que M. l'abbé Robitaille disait de cet établissement, dans la notice nécrologique qu'il consacra, en 1841, au vénérable fondateur de Saint-Charles.

« Mlle Delbarre ayant réuni quelques jeunes filles
« pauvres pour leur donner une éducation chrétienne

« et les former aux travaux de leur condition, M.
« l'abbé Lallart de Lebucquière s'empressa de l'aider
« de ses conseils et de sa bourse. Mais ce n'était là
« qu'un essai. Bientôt il donna à cet établissement
« de plus vastes proportions. De concert avec sa sœur,
« avec sa parente, Mme Lallart de Boves, avec Mlles Ha-
« zard et Donjon, il fonda la maison dite de Saint-
« Charles, dont il confia plus tard la direction aux
« sœurs de la Charité. Il entoura cet établissement
« de sa constante sollicitude ; il joignit de nouvelles
« constructions aux anciennes, de manière à recevoir
« plus de cinquante enfants ; et, au moment de sa
« mort, il formait d'autres projets d'agrandissement,
« que son neveu, M. Louis Lallart de Lebucquière,
« héritier de ses vertus et en particulier de sa cha-
« rité, se chargea de réaliser. Grâces à son zèle et à
« son dévoûment, cette maison renferme aujourd'hui
« cent jeunes filles, une charmante chapelle gothique
« et tous les éléments de prospérité. Elle sera un mo-
« nument impérissable de la générosité de l'oncle et
« du neveu. »

Le neveu ne s'en tint pas là : sa bourse s'ouvrit plus d'une fois encore. Et, en mourant, il tint à donner à cette maison qu'il avait tant aimée, une dernière marque de sa libéralité.

Cette œuvre lui fut chère entre toutes ; et, jusqu'à la fin de sa vie, il ne cessa de la soutenir et de la diriger avec un dévouement sans bornes. Son habitude était de venir, plusieurs fois l'an, de Paris, de Gézaincourt ou d'Amiens, apporter à sa famille d'adoption les conseils de son expérience et les encouragements de sa charité ; et il se plaisait à prodiguer à ces enfants du peuple les trésors de sa paternelle sollicitude.

Les prix qu'il donnait chaque année, et dont il
venait fidèlement présider la distribution, étaient pour
lui l'occasion d'une de ces touchantes allocutions où
perçaient la vivacité de sa foi, la distinction de son
esprit et la délicatesse de ses sentiments. Sa parole, à
la fois élevée et simple, parfaitement maîtresse d'elle-
même, abordait avec un rare bonheur, les sujets les
plus divers, et savait tirer même des événements du
jour d'utiles et pratiques enseignements. Il aimait par-
dessus tout à parler de Dieu, de sa bonté, de sa sainte
providence, des respects qu'il mérite, des hommages
qu'il réclame, des récompenses qu'il promet, du
bonheur que l'on goûte à le servir, du vide que l'âme
éprouve loin de lui. Il possédait le don d'émouvoir
profondément son jeune auditoire ; et les discours du
pieux laïque produisaient plus d'effet que les meilleurs
sermons.

A l'ouvroir, où il se plaisait à surprendre les enfants au milieu de leur travail, sa parole prenait
un caractère plus intime et plus simple. Comme un
bon père au milieu de sa famille, il laissait déborder
de son cœur, en une causerie aimable et familière,
d'amicales exhortations, parfois de doux reproches,
voilés sous forme d'excitation à mieux faire, à mieux
aimer et servir Dieu. Ses visites étaient toujours
impatiemment attendues : on aimait à l'entendre. Il le
savait, et il en profitait pour semer adroitement le
bon grain dans les âmes.

Il s'était tracé à l'avance un cadre dans lequel ses
allocutions venaient, chacune à sa place, concourir
habilement à former un véritable cours d'éducation
morale, religieuse et économique à l'usage des jeunes

filles de la classe ouvrière. Voici le tableau qu'il trace, en 1846, des avantages de la pauvreté :

« Pensez-vous, mes enfants, que le bonheur consiste dans les richesses ? Si vous saviez, sous ces dehors si séduisants, combien il se trouve de déceptions, d'ennuis, de dégoûts, de remords peut-être, vous ne songeriez pas à les envier.

« Le pauvre, au contraire, quelle saveur ne trouve-t-il pas à ce pain acheté au prix d'un travail pénible ; et si un jour recueillant les fruits d'une éducation laborieuse, il parvient à soutenir ses parents ou à subvenir aux besoins de sa famille, avec quel noble orgueil il se dit : Voilà un père, une mère, voilà des enfants qui me doivent leur existence, leur bien-être ! N'y a-t-il pas encore pour le pauvre un bonheur presqu'inconnu au riche dans l'exercice du précepte divin de la charité ?

« Il y a peu de plaisir et peu de mérite à donner son superflu ; quand vous vous privez d'un instant de repos pour soulager celui qui souffre, que vous vous imposez une privation pour venir en aide à la misère d'un malheureux, n'éprouvez-vous pas une douce joie, une satisfaction intime de votre bonne action ?

« Vous dirai-je maintenant combien la pauvreté vous rapproche de Dieu, lui qui est venu au monde pauvre, qui a vécu, qui est mort si pauvre qu'il n'avait pas un abri où reposer sa tête, lui dont la sainte Mère passa sur la terre toute une vie de travail et de pauvreté, lui qui veut que dans chaque pauvre nous voyions un autre lui-même, qui a dit malheur aux riches, et qui n'ouvre les portes du ciel qu'aux pauvres d'esprit, c'est-à-dire à tous ceux qui seront détachés des biens de ce monde ?

« Les développements seraient trop longs, mes enfants ; et d'ailleurs, des voix plus éloquentes que la mienne vous ont dit bien des fois tout l'amour de Jésus-Christ pour les pauvres. »

Pour amener les jeunes filles au noble et difficile sentiment de la reconnaissance, M. Lallart de Lebucquière leur fait, en 1847, le tableau suivant du dévouement des religieuses aux mains desquelles elles sont confiées :

« Depuis que les portes de cet asile tutélaire se sont ouvertes pour vous, de combien de soins n'avez-vous pas été environnées ? Une mère ferait-elle pour ses enfants ce que les bonnes sœurs font pour vous ? Chercher sans cesse à vous rendre la vie douce et facile, vous soigner dans vos maladies avec une tendre sollicitude, supporter avec patience vos caprices ou vos mauvaises humeurs, vous reprendre doucement de vos défauts, vous former au travail, de manière à ce que vous puissiez en sortant d'ici vous suffire à vous-même, stimuler sans cesse votre nonchalance ou votre mauvais vouloir, s'efforcer en un mot, par tous les moyens possibles, à faire de vous des femmes vertueuses, utiles, chrétiennes ; voilà toute leur ambition, tout le but de leur vie ! et qu'est-ce qui les oblige à cette tâche si pénible ?

« Elles ne vous doivent rien, elles n'avaient aucun besoin de vous ; leur dévouement est tout à fait gratuit ! Dieu a parlé à leur cœur, il leur a dit : Quittez vos amis, votre fortune, vos parents ; allez là ou il y a des pauvres à soulager, des malades à soigner, des jeunes filles à instruire ; et elles ont obéi avec joie ; et vous êtes devenues les objets privilégiés de leur sublime vocation. »

Voici un extrait d'un autre discours dont le manuscrit ne porte point de date, mais qui doit remonter à 1850. L'obligation du travail, ses avantages, ses récompenses y sont heureusement présentés :

« Dieu nous a imposé à tous l'obligation du travail. Vous gagnerez votre pain à la sueur de votre front, a-t-il dit à notre premier père. Il a donc voulu que tous nous travaillions en expiation du premier péché, riches ou pauvres, grands ou petits, c'est une loi à laquelle aucun de nous ne doit se soustraire ; tous, vous le savez, nous commençons la vie par travailler, et à tout âge nous devons travailler soit pour gagner notre vie, soit pour coopérer au bien-être de notre prochain. Pour vous, le travail est facile, votre tâche est toute tracée et il est pour vous une nécessité.

« Mais pour nous qui devons aux autres hommes le travail de notre intelligence, pour nous qui pourrions si aisément nous dispenser du travail, notre charge est bien plus pénible et notre responsabilité est bien plus grande ; car Dieu nous demandera, plus haut nous sommes placés, un compte bien plus sévère de l'emploi de notre temps. Ainsi tous, quand nous travaillons, nous accomplissons un devoir; et la conscience d'avoir accompli un devoir est toujours une satisfaction intime, c'est un des avantages du travail.

« Le travail nous préserve encore du danger de l'oisiveté, cette mère féconde de tous les vices ; en même temps que notre corps est occupé, notre esprit se livre plus facilement à des pensées sérieuses ; le travail étouffe en nous la voix des passions mauvaises; il éloigne les suggestions trop fréquentes de l'ennemi de notre salut et nous rend plus purs, plus agréables à Dieu.

« Enfin, dans votre position, à vous qui êtes forcées

de travailler pour suffire à votre existence, quelle jouissance le travail ne vous procure-t-il pas ?

« Est-il une pensée plus douce, plus consolante que celle de pouvoir se dire : par mon travail, je suis à l'abri du besoin ; ce pain que je mange, c'est à moi que je le dois, c'est le fruit de mon travail. Quel bonheur vous ressentirez un jour quand, rentrées dans vos familles, vous pourrez vous rendre ce témoignage que non seulement vous suffisez à vos propres besoins, mais encore que vous êtes utiles à vos parents, que vous les dédommagez des sacrifices qu'ils ont faits pour vous ; quand placées vous-mêmes peut-être à la tête d'une famille, vous entretiendrez dans cette famille une heureuse aisance par votre activité, par votre travail, par votre esprit d'ordre et de propreté. Oh ! alors peut-être vous vous rappellerez mes paroles, vous bénirez l'éducation que vous avez reçue, et vous remercierez Dieu du privilège qu'il vous a accordé d'être élevées dans cette maison. J'ai connu un estimable négociant chargé d'une nombreuse famille, qui, par un travail infatigable, s'était créé une position avantageuse. C'était les larmes dans les yeux qu'il me disait combien il était heureux en pensant que c'était à son travail que tous ses enfants devaient leur bien-être, leur éducation, leur aisance.

« Le travail est enfin pour nous une cause de bénédiction, si nous savons le faire tourner à notre profit spirituel. Travailler, c'est prier, et aucune prière n'est plus agréable à Dieu ; n'oublions donc jamais de lui offrir notre travail, et soyons sûrs qu'il le bénira. Aimez donc aussi le travail, mes enfants, comme la sauvegarde de votre innocence contre les périls qui environnent votre jeunesse et votre inexpérience, comme le seul moyen d'être un jour utiles à vous et à vos familles, comme la source certaine des bénédictions de Dieu.

« Obligé comme vous de travailler, je vous assure que les plus vives, les plus durables jouissances que j'ai éprouvées, ont toujours été la conséquence des occupations que je me suis imposées ; parmi ces occupations, une des plus importantes à mes yeux, mais aussi de celles où je trouve le plus de bonheur, est sans contredit celle qui m'attache à cette maison. Héritier des intentions bienveillantes de mes parents pour cet établissement, chargé par eux de veiller à sa prospérité, c'est toujours avec la satisfaction la plus vive que j'accomplis ce devoir. »

Le 21 juillet 1851, ce sont les événements intimes de la vie de l'œuvre que le chrétien zélé commente, et dont il profite habilement pour stimuler le courage et la bonne volonté des enfants de la maison. Une supérieure aussi dévouée que charitable vient de les quitter pour suivre son attrait vers la vie hospitalière ; la maladie les a visitées, et a dispersé les unes après les autres les bonnes sœurs de l'établissement ; un voile de deuil s'est étendu sur Saint-Charles pendant de longs mois ; mais ces tristesses ont pris fin, et la miséricorde divine a eu pitié de son œuvre :

« Dieu fit enfin luire pour cette Maison des jours meilleurs ; il lui donna des sœurs selon son cœur, qui embrassèrent avec joie la tâche de votre éducation ; qui comprirent que, s'il y avait du mérite, il pouvait y avoir aussi des consolations à se dévouer à votre bonheur. Dans les trésors de sa miséricorde, il lui trouva pour la diriger une sœur (1) dont je voudrais pouvoir vous dire tout ce que je pense. Mais je craindrais de blesser encore une fois sa modestie et elle me saura, je l'espère, gré de mon silence. Après tout, elle sait que je lui ai voué depuis longtemps le plus respectueux attachement, la plus entière confiance, et ses vénérables supérieures savaient aussi qu'en nous la donnant, elles nous faisaient, elles me faisaient à moi-même un véritable présent. C'est ainsi que vous, mes enfants, vous l'avez accueillie, vous l'avez reçue à bras ouverts, comme on reçoit une mère attendue et désirée ; vous lui avez promis de ne plus la quitter que le plus tard possible, et à peine a-t-elle été arrivée que la confiance a succédé au découragement, la joie à la tristesse. Les murs de cette maison eux-mêmes ont revêtu pour ainsi dire une parure nouvelle ; ils ont repris ce luxe de propreté que j'aime tant à voir régner à St-Charles et qui est si bien l'image de ce que doivent être vos jeunes cœurs.

« A côté de cette sœur le bon Dieu en a placé d'autres, toutes bonnes et indulgentes, n'ayant qu'un désir : celui de vous rendre le travail agréable, la vertu facile, la piété aimable, des sœurs qui cherchent tous les moyens de vous faire aimer vos devoirs, et qui se mêlent même à vos jeux pour se faire mieux vos amies. Si vous ajoutez à tout cela le zèle si éclairé, la direction si paternelle des hommes de Dieu, de ces prêtres dévoués qui ont bien voulu accepter la mission de vous guider dans les sentiers de la religion, vous avouerez avec moi que Dieu vous a dédommagées de

(1) La sœur Henriette Purpan passa dix-huit années à la Maison de la Charité, devint supérieure de Saint-Charles le 9 janvier 1851, et mourut à Arras, âgée de soixante-douze ans, le 29 mars 1882.

quelques épreuves passagères par une grande libéralité et qu'il a droit à toute votre reconnaissance. Vous
ne voudriez pas être ingrates. Vous avez trop de bonté
dans l'âme, trop de générosité dans le cœur pour vous
rendre coupables de ce crime. Vous voulez être recon-
naissantes, je le sais, et déjà vous en avez donné des
preuves qui m'ont vivement touché. Vos mains, quelque peu lentes au travail, sont devenues plus habiles,
votre aiguille a marché mieux et plus vite, votre plume s'est appliquée davantage, vos cahiers sont mieux
tenus, votre instruction est plus soignée, votre obéissance a été plus facile, le silence mieux observé ; et
cela, j'en suis convaincu, vous l'avez fait pour Dieu.
C'est la meilleure manière, mes enfants, de lui témoigner votre reconnaissance : Dieu ne se contente pas
de vaines promesses, ce sont des œuvres qu'il demande.

« Vous avez fait plus encore pour lui. Au milieu de
vous s'est fondée la congrégation des Saints-Anges :
douce et sainte pensée qui confie d'une manière toute
spéciale à ces êtres créés de Dieu, pour être nos amis et
nos gardiens, les enfants de cette maison ; oh ! ils veil-
leront sur vous avec une tendresse toute angélique,
car ils aiment à habiter au milieu des cœurs purs, des
cœurs pieux, des cœurs innocents. De leur côté, les
enfants de Marie sont devenues plus nombreuses et
plus ferventes. Je n'ai pas oublié avec quelle naïve dé-
votion vous avez fêté le mois consacré à cette bonne
Mère. Je me souviens de vos communions fréquentes,
de vos chants pieux, de votre zèle à décorer l'autel de
Marie, de votre ardeur à devancer le soleil pour pouvoir offrir chaque jour à Marie une nouvelle corbeille
de fleurs symboliques. J'aime à croire que le cœur si
aimant de Marie aura été touché de votre offrande, et

qu'elle vous obtiendra, en échange, des trésors de chasteté, d'humilité, d'amour de Dieu. Tout cela est bien, tout cela est consolant pour le présent et plein d'espérance pour l'avenir. Mais tout cela ne serait rien, tout cela sera perdu si vous n'y joigniez la vertu essentielle, la vertu qui couronne toutes les autres, qui seule peut satisfaire entièrement Dieu et lui prouver notre reconnaissance. Je veux parler de la persévérance. »

En 1856, les enfants de Saint-Charles avaient fêté magnifiquement l'arrivée d'une statue dans leur chapelle ; et leur charité était parvenue à organiser une modeste loterie au bénéfice des indigents. M. Lallart de Lebucquière, en les félicitant, trouve le moyen de mêler adroitement à ses éloges d'utiles encouragements :

« Je me rappelle encore cette fête si touchante où Marie Immaculée est venue triomphalement prendre possession de cette maison et de votre chapelle. Je me souviens de votre impatience à voir arriver sa statue, de votre zèle pour embellir sa fête, des sacrifices que vous avez faits, des tâches extraordinaires que vous vous êtes imposées pour lui offrir une preuve de votre dévouement. Soyez-en sûres, mes chères enfants, Marie ne restera pas en arrière de votre générosité. Elle gardera toujours les clefs de cette maison, et les clefs de vos cœurs.

« Malgré mon désir de ne pas vous retenir plus longtemps, je ne puis m'empêcher de citer encore un fait récent qui, je vous l'ai déjà dit, m'a grandement consolé et qui me prouve que, quand l'amour de Dieu pénètre dans un cœur, il amène nécessairement à sa suite l'amour du prochain. C'était à la fin de cet hiver :

le pain était cher ; les pauvres souffraient beaucoup. Vous le saviez, et vos cœurs ont été touchés de compassion ; vous avez voulu, vous aussi, leur venir en aide ; mais comment faire ? Pauvres vous-mêmes, comment pouvez-vous faire l'aumône ? La charité est ingénieuse : faisons une loterie, avez-vous dit, et aussitôt chacune de se mettre à l'ouvrage pour confectionner des lots ; puis ces quelques sous, amassés quelquefois à grande peine par un supplément de travail, on allait les porter bien vite pour avoir des billets ; si bien que vous avez réuni une grosse somme pour vos petites bourses ; avec cela vous avez acheté du pain ; et ce pain vous êtes allées le porter vous-mêmes dans le réduit du pauvre. Oh ! mes enfants, ce jour-là il y avait fête partout : fête dans la demeure de l'indigent auquel vous avez procuré le soulagement au milieu de ses peines ; fête pour les bonnes sœurs émues de votre charité, heureuses de vous voir ainsi profiter de leurs leçons ; fête dans le ciel où vos bons anges ont porté votre bonne œuvre au pied du trône de Dieu, rapportant en échange pour vous des grâces et des bénédictions. »

Ces quelques citations suffisent pour permettre de juger la façon profondément chrétienne dont l'administrateur de Saint-Charles savait comprendre et remplir sa mission de dévouement. Quand il avait ainsi stimulé toutes les bonnes volontés, remonté tous les courages, aplani toutes les difficultés, quand les comptes se trouvaient parfaitement en ordre et les affaires entièrement réglées, il retournait à ses affaires, simplement et comme s'il venait de faire la chose la plus ordinaire du monde, heureux de s'être ainsi dépensé pour Dieu, sans éclat et sans bruit.

Les dévouements humbles et ignorés eurent toujours sa préférence. Pendant près de vingt années, de 1836 à 1854, nous le voyons remplir, avec un ordre parfait, les modestes fonctions de trésorier de l'Œuvre des Écoles chrétiennes ; jusqu'au jour où il se réunit à M. Constantin de Hauteclocque (1), pour faire don à la ville, chacun par moitié, de deux maisons et de leur mobilier scolaire, dans le but d'assurer d'une façon permanente et définitive l'établissement des Frères de la Doctrine chrétienne. Cette double donation, qui remonte au 22 mars 1854, fut faite sous la condition de conserver à perpétuité les deux immeubles à l'usage d'école primaire, sous la direction des Frères, ces instituteurs chrétiens de l'enfant du peuple.

Malgré tant d'intérêts divers qui l'attachaient à la ville d'Arras, M. Lallart de Lebucquière se décida, non sans hésitation, à la quitter. La Révolution de 1793 avait décimé sa famille. Les rares survivants s'étaient éteints peu à peu. Il ne lui restait plus d'autre parent proche que la baronne de Montigny qui, depuis de longues années, habitait Paris avec ses enfants. C'était une femme d'une haute vertu que rehaussait encore une bonté pleine de charme et de distinction. Mme de Montigny, qui l'avait, en partie, élevé, le regardait comme un second fils ; et il l'aimait comme on aime une mère. Le séjour de Paris lui rendait une famille et resserrait des liens qui lui étaient chers à plus d'un titre.

Il quitta donc Arras, et ferma son hôtel de la rue de la Madeleine où il recevait si volontiers, et dont sa femme faisait les honneurs avec tant de bonne

(1) Constantin-Gabriel, comte de Hauteclocque, mort à Arras, le 22 mars 1884, à l'âge de 95 ans et 7 mois.

grâce et d'affabilité. A la fin du mois de janvier 1846, il vint fixer à Paris sa résidence d'hiver.

C'est vers cette époque, qu'il fit la rencontre de M. l'abbé Dumarsais, alors curé des Missions étrangères, dont la direction, pleine d'élévation et d'autorité, exerça sur la suite de sa vie une si grande influence. Grâce aux conseils de ce prêtre éminent, lui-même nous l'a dit, il prit peu à peu la pieuse habitude de la communion quotidienne, habitude qu'il conserva fidèlement jusqu'à sa mort.

Sa grande piété, guidée par une foi éclairée et profonde, n'avait rien de contraint ni d'austère ; et son habituelle largeur d'esprit se retrouvait jusque dans ses rapports avec Dieu. Ses exercices habituels consistaient dans le chapelet, le chemin de la Croix, l'étude de la vie des saints. Son auteur de prédilection était saint François de Sales qu'il citait souvent, et dont il recommandait volontiers la lecture. Levé régulièrement avant six heures, il consacrait à la prière et à la méditation le temps qui le séparait de la messe. A partir de 1855, nous le voyons prendre la précieuse habitude de faire cette méditation la plume à la main. Citons au hasard, parmi ceux qui ont pu être retrouvés, et en respectant scrupuleusement leur forme, si correcte d'ailleurs dans sa simplicité, quatre des pieux entretiens de cette belle âme avec Dieu ! La première méditation remonte au vendredi saint de l'année 1855 ; la deuxième est du mois de novembre de la même année ; les deux autres datent du carême de 1861.

O CRUX AVE !

« Je vous salue, ô croix de mon Sauveur ; ce jour de la semaine vous appartient entre tous les autres ; il est donc juste qu'aujourd'hui je sois encore plus à vous. Que je serais malheureux si je ne vous avais pas pour me guider dans la nuit, pour me soutenir dans ma faiblesse ! La croix, tant qu'elle me restera devant les yeux, je ne me croirai pas tout à fait abandonné. Ah ! c'est que nous sommes les enfants de la croix et nous devons être les soldats et les esclaves de la croix. C'est elle qui nous a faits ce que nous sommes ; nous étions morts, déshérités, perdus ; elle nous a régénérés à la grâce, à la vie, à l'héritage éternel. C'est par elle que la vraie vie, la vie dans l'Esprit-Saint, est entrée dans nos âmes ; par elle nous avons été confirmés dans la foi, pardonnés, sauvés. C'est elle encore qui nous allaite et nous nourrit ; c'est le corps de Jésus crucifié qui devient notre nourriture ; c'est son sang, qui coule de ses plaies divines, qui devient notre breuvage. Nous sommes donc les enfants de la croix puisqu'elle nous a faits ce que nous sommes et qu'elle veille encore sur nous avec une tendresse maternelle. Quelle mère est capable d'un dévouement aussi parfait ? Quelle mère a le pouvoir de renouveler chaque jour le sacrifice qu'elle fait de sa vie pour ses enfants ? Quel amour, ô mon Jésus, pour vos enfants dans l'incroyable mystère de la croix ! Hélas, et quelle ingratitude de vos enfants pour cette croix, pour ce Jésus crucifié qu'ils devraient aimer plus qu'une mère ! C'est bien du haut de la croix que vous pouvez répéter cette parole : « Quand une mère oublierait son enfant, moi je ne vous oublierai pas ! » Tout le premier je m'accuse de mon indifférence, de ma froideur, de mes oublis continuels, et je suis plus coupable qu'un autre, car la croix a eu pour moi des tendresses particulières, des lumières et des consolations qu'elle réserve à ses enfants privilégiés. Merci et pardon, ô mon Jésus !

« J'invoque avec confiance celle qu'on est certain de trouver toujours au pied de la croix pour qu'elle excite dans mon cœur plus d'amour, plus de dévouement, plus de confiance pour la croix de Jésus. Amen. »

> « Il lui imposa les mains, et aussitôt
> « elle se redressa. » (St Luc, xiii.)

« Je lisais, ce matin, une nouvelle preuve de votre générosité, ô mon Jésus ! Une pauvre femme que dix-huit années d'infirmités avait courbée vers la terre, est guérie par la seule imposition de vos mains. Tout vous est possible, et quelque vieux que le pécheur soit dans son iniquité, il ne doit jamais désespérer de votre miséricorde. C'est vous qui l'allez chercher, qui l'appelez à vous ; et pourvu qu'il se rende à votre appel, qu'il écoute votre voix, vous le guérissez, ô mon Dieu, vous lui rendez la santé et la vie ! Bonté ineffable de mon Jésus, les hommes blâment votre indulgence ! Dois-je m'en étonner, quand je sais combien peu indulgents, patients, faciles à pardonner, nous sommes à l'égard du prochain ? Que de fois cependant n'ai-je pas eu besoin de la même indulgence, et combien elle m'est nécessaire chaque jour. Hélas ! quelque prodigue que vous soyez à mon égard, mes yeux sont encore tournés vers la terre. J'ai de la peine à relever la tête, à la détacher de ce monde, à tenir mon regard fixé sur le ciel, sur vous, sur votre croix, sur votre gloire, sur votre Paradis ; sans cesse ma pensée me distrait de vous, et s'occupe des misérables intérêts de la terre. Et cependant ce n'est pas seulement votre main, c'est votre corps, c'est votre sang, c'est vous tout entier qui me touchez chaque jour dans la sainte Eucharistie. Quel sujet de tristesse et d'humiliation ! Être l'objet de toutes les prévenances de Jésus, et être si peu à lui. Le recevoir avec toute sa puissance et toute sa miséricorde, et ne pas pouvoir le fixer, le contempler sans cesse, et oublier dans cette communion intime avec son Dieu tout ce qui n'est pas lui ; avoir encore des yeux pour la terre quand on a le ciel dans son cœur, est-ce possible, ô mon Jésus ? Oh ! pardon de mon infirmité, ne vous lassez pas de m'appeler, car, je le veux, il faut que je sois à vous, que je ne voie plus que vous et tout en vous. Amen. »

O CRUX AVE !

Eamus, allons.

« Jésus s'est relevé de la terre foulée sous son corps prosterné, arrosée de son sang ; ses traits ont repris leur divine sérénité ; il a prié, il s'est soumis sans réserve, il a accepté le calice dans toute son amertume, la croix avec toutes ses ignominies, l'abandon de toutes les créatures, l'abandon même de son père, et la paix de son âme brille sur sa figure. La mort approche ; il veut aller au-devant.

« *Eamus*, marchons. Magnifique effet de la prière, de l'humble et persévérante prière, et surtout de l'entière et parfaite soumission à la volonté de Dieu. Là est le secret de la paix de l'âme au milieu des malheurs et des tribulations de la vie.

« Voilà ce qui nous donne non seulement la résignation aux peines, mais la force, mais presque l'impatience de souffrir ; ou souffrir ou mourir ! Voilà ce qui
transforme notre volonté rebelle à la souffrance pour
ne plus laisser vouloir que ce que Dieu veut !

« Heureux serais-je, ô mon Dieu ! si mon cœur savait
ainsi s'anéantir dans votre volonté sainte. Que l'exemple de Jésus m'inspire ! Si le frêle appui de la terre
me manque, si vous-même semblez ne pas entendre
ma voix suppliante, que Jésus m'apprenne à proster-
ner mon front dans la poussière, à répéter, à prolon-
ger ma prière, à faire taire ma volonté, et à accepter
le sacrifice tel que Dieu me le demande. Comme lui
alors j'aurai le calme, la paix en Dieu ; comme lui, en
entrevoyant la croix, je dirai courageusement : Allons.
Car Jésus m'a montré que la croix était le chemin du
ciel. Amen. »

> « Consummatum est. » (St Jean.)
>
> « Mon Père, je remets mon âme entre
> « vos mains. » (St Luc.)

« Enfin la tâche de Jésus est accomplie. Il a livré un
bon combat ; son travail est achevé. Toutes les inven-
tions que l'amour peut inspirer sont épuisées. Tout ce
que la charité la plus ardente peut réclamer de sacrifices pour toucher et pour convaincre, un Dieu se l'est
imposé. Il a versé jusqu'à la dernière goutte de son
sang ; il s'est donné pour nourriture perpétuelle aux
hommes; il a consommé la tâche qu'il s'est imposée; il
remet entre les mains de son Père cette âme dont la
grande mission était accomplie, et il expire nous montrant la voie où nous devons marcher, et le sein de

son Père où il nous attend. Il meurt, non pas en poussant le faible soupir de l'agonie, mais en faisant entendre un grand cri qui, en ce moment suprême, révèle toute sa puissance ; cri formidable qui, une dernière fois, somme l'humanité coupable de revenir à lui, et qui en même temps est comme un avant-coureur de ce cri de malédiction qui un jour retentira aux oreilles du pécheur impénitent ! Que ce cri retentisse à jamais dans nos âmes ! qu'il soit un avertissement salutaire pour nous faire craindre sans cesse la réprobation éternelle ! Car nous aussi nous arriverons à ce moment suprême où il faudra remettre entre les mains de Dieu cette âme qu'il nous avait confiée, et dont il faudra rendre un compte sévère. Supposons que cette dernière heure a sonné ; cette intelligence, ce cœur, cette volonté, cette liberté que Dieu nous avait donnés pour les employer à le connaitre, à l'aimer, à le servir, qu'en avons-nous fait ? Ces grâces si nombreuses qu'il nous a prodiguées, le sang de Jésus versé pour nous, son sang et son corps offerts à notre âme pour être son pain quotidien, le pain de lumière, de force et de vie, comment en avons-nous usé ? Pourrons-nous dire : les devoirs que vous m'aviez imposés, je les ai remplis, les droits que je tenais de vous, je n'en ai pas abusé : j'ai fait valoir le talent que vous m'aviez confié, ma tâche est remplie, tout est consommé. Mon père, c'est avec confiance que je remets mon âme entre vos mains. Je tremble, ô mon Dieu, à la pensée de cet examen terrible. Pendant qu'il en est temps encore, je veux mieux employer à votre service, et à votre amour, ce qui me reste de vie, et tout ce que vous répandrez sur moi de grâces.

« Je veux pieusement vous ensevelir dans mon cœur

quand vous y venez demeurer, fermer à jamais ce cœur à tout ce qui n'est pas vous ; rouler à l'entrée de ce cœur la pierre d'une ferme et sainte résolution, afin que le démon, le monde et les passions ne puissent plus venir troubler mon Jésus en moi. Que vous seul, ô mon Jésus, souleviez cette pierre, et qu'en quittant ce pauvre tabernacle de mon cœur, vous m'appeliez avec vous au partage de votre résurrection glorieuse.

« Telles sont, à la fin de ce Carême, mes résolutions et mes vœux. Je les confie à Marie dont je suis l'humble esclave. Amen. »

Ces méditations, trouvées dans les papiers de leur pieux auteur après sa mort, furent une découverte, même pour ses enfants, tant il mettait de soin à cacher à tous les regards les progrès de son âme dans les voies de Dieu. Ce soin fut poussé si loin que, vers la fin de sa carrière, le grand chrétien, éprouvé par la perte de sa femme et se préparant à la mort, s'adonna avec ardeur aux rudes austérités de la pénitence, sans que nul ne s'en doutât de son vivant ; hormis, sans doute, la fervente religieuse, sa petite-fille, que nous verrons plus loin devenir, à travers les grilles du Carmel, l'intime confidente de ses secrètes aspirations vers la perfection.

Deux heureux événements de famille, arrivés à peu d'années de distance, amenèrent M. et Mme Lallart de Lebucquière à abandonner, non sans quelque regret, le séjour de Paris qui avait, pour eux, un charme tout particulier. Leurs deux filles s'étaient mariées en Picardie (1). Le père et la mère ne purent se résigner

---

(1) L'aînée épousa, à Gézaincourt, le 22 mai 1849, Albert Boistel de Belloy. La cadette épousa, à Amiens, le 25 avril 1855, Adalbert de Francqueville.

à vivre loin de leurs enfants. Au mois de décembre 1855, ils vinrent s'établir à Amiens, dans cet hôtel Blin de Bourdon, qu'ils ne devaient plus quitter, et qui était, pour eux, rempli de tant de souvenirs de famille.

C'est dans cette maison de la rue des Augustins que, pendant les plus mauvais jours de la Terreur, Mlle Françoise Blin de Bourdon (1), sortie de prison, fit la rencontre d'une fille de la campagne, pauvre et infirme, qui y avait été recueillie par charité, et qui avait nom Julie Billiart. Ces deux âmes, remplies d'un égal amour de Dieu, se lièrent d'une sainte amitié, et fondèrent ensemble l'institut des sœurs de Notre-Dame, dans le but de mettre gratuitement à la portée des filles du peuple une éducation chrétienne. L'institut se développa merveilleusement ; il compte aujourd'hui cent maisons, tant en Belgique qu'en Angleterre et en Amérique ; et son apostolat s'étend à cent quarante mille enfants (2).

Françoise Blin de Bourdon, révérée aujourd'hui sous le nom de mère Saint-Joseph, succéda, comme supérieure générale, à la mère Julie Billiart. Elle mourut, en odeur de sainteté, à Namur, le 9 février 1838. Mme Lallart de Lebucquière était sa petite-nièce.

En venant se fixer à Amiens, M. Lallart de Lebucquière retrouva dans l'éminent prélat, qui en était alors évêque, un ancien condisciple ; les vieilles relations d'amitié se renouèrent d'elles-mêmes ; et, dans ses tournées pastorales, Mgr de Salinis aimait à venir se reposer de ses fatigues au château de Gézaincourt.

---

(1) Marie-Louise-Françoise Blin de Bourdon était née à Gézaincourt le 8 mars 1756.

(2) L'abbé Odon, curé de Tilloloy, *Semaine religieuse d'Amiens,* 17 février 1884.

La terre et le château de Gézaincourt appartenaient à Mᵐᵉ Lallart de Lebucquière depuis la mort de son aïeule, la vicomtesse Blin de Bourdon, décédée en l'année 1845. Son mari remplaça le vieux manoir par une habitation dont il fut en grande partie l'architecte. Et, à côté du château, il fit bâtir une élégante chapelle, dans le style ogival, sur les plans donnés par M. Lassus, l'habile restaurateur de Notre-Dame de Paris.

Maire de Gézaincourt pendant près de quarante ans, M. Lallart de Lebucquière dirigea la commune et géra ses affaires avec tact et fermeté ; sa grande loyauté était appréciée de tous, et il n'eut jamais d'ennemi. Vers 1864, exécuteur testamentaire des volontés d'un généreux donateur, M. Roussel, originaire de Gézaincourt, il fit bâtir un hospice, appela auprès des malades les sœurs de Saint-Vincent de Paul dont il connaissait l'admirable dévouement ; puis il leur confia l'éducation des jeunes filles du pays.

En 1848, les électeurs du canton de Doullens l'appelèrent à siéger au sein du Conseil général de la Somme. La courtoisie de ses relations, son expérience des affaires, sa facilité à s'assimiler et à traiter les questions les plus variées le firent apprécier, dès le premier jour, par ses collègues.

A deux reprises, en 1849, après la mort du vicomte Blin de Bourdon, son beau-père, et trois ans plus tard, en 1852, ses amis voulurent le faire entrer à l'Assemblée législative. Son nom rallia vingt-quatre mille suffrages ; mais il échoua. Il avait peu de goût pour les compétitions électorales ; aussi ne tarda-t-il guère à se retirer de la lutte, et à se renfermer dans les bonnes œuvres et la vie de famille.

Tel nous l'avons vu au milieu de ses œuvres d'Arras, tel nous le retrouvons au milieu des siens.

Habitué, dès l'enfance, à ne compter que sur lui-même, doué d'un caractère indépendant et ferme, M. Lallart de Lebucquière réclamait entière, pour lui-même, la liberté qu'il accordait largement aux autres. Dans cette âme énergique, si maîtresse d'elle-même, il n'y eut jamais ni place pour la défaillance, ni trace de découragement ou de fatigue. Au milieu du tracas des affaires, des préoccupations de famille et des luttes politiques, son esprit restait libre et gardait toute sa sérénité. Les événements ne le prenaient jamais au dépourvu ; et on le trouvait, à toute heure, prêt pour le travail et l'action.

Son jugement sain et impartial lui faisait apprécier les choses à leur juste valeur, et traiter ses adversaires avec mesure. Il apportait, jusque dans la chaleur du combat, le tempérament d'une haute sagacité, d'un grand esprit de modération, d'un vif désir de conciliation ; et sa conversation était toujours marquée au coin d'une parfaite charité. Indifférent au verdict de l'opinion, étranger à tout compromis, dédaigneux de la forme, ennemi du bruit et du faste, ponctuel dans l'accomplissement du devoir et marchant droit au but, il inspirait naturellement autour de lui l'estime et le respect.

Sous cette enveloppe, difficile peut-être à pénétrer pour le vulgaire, quelle exquise sensibilité ! Au service de ses affections de famille, comme de ses œuvres de charité, il prodiguait de véritables trésors du dévouement le plus délicat. Se dépenser pour autrui et se donner lui étaient naturels. Pendant plus de cinquante ans, il entoura sa femme de la tendresse la plus fidèle.

Et, après avoir terminé l'éducation de ses filles, il se dévoua à celle de ses petits-enfants, se faisant tour à tour leur maître, leur guide et leur ami avec une condescendance et une bonté sans bornes. C'est ainsi que, fort âgé déjà, il entreprit, avec les aînés de ses petits-fils, deux charmantes excursions qui débutèrent par Lourdes et par la Salette, sans calculer la fatigue pouvant en résulter pour sa vieillesse.

Vers le milieu de l'automne, le château de Gézaincourt devenait, chaque année, le rendez-vous général de la famille ; les grands parents étaient heureux de se voir entourés de tous leurs descendants. Un jour, hélas ! Dieu appela à lui une de leurs petites filles (1), enlevée toute jeune à la tendresse des siens.

Voici avec quelle exquise délicatesse, le grand-père essaie d'adoucir, au cœur de la mère désolée, la douleur causée par la mort de cette fille si charmante et si chère :

« Gézaincourt, 16 octobre 1871.

« Moi aussi, chère fille, je veux te dire combien nous sommes tristement préoccupés de toi en ce moment qui était autrefois si joyeux pour tous, et si doux à ton cœur. Il manque à ton bouquet de fête sa plus belle fleur. Dieu l'a cueillie pour en orner son parterre du ciel. De là haut, celle que tu pleures t'envoie ses plus tendres baisers, et demande à Dieu, bien mieux encore qu'elle ne pouvait le faire ici-bas, de te donner la force de vivre pour ceux qui t'aiment, pour ceux qui ont tant besoin de toi, pour ce cher enfant qu'elle a confié à ton affection. Puissent tous ceux qui te res-

---

(1) Mⁿᵉ Marguerite Poujol de Molliens, née de Belloy, morte à Amiens, le 19 avril 1871, dans sa vingt-deuxième année.

tent, te dédommager dans le présent et dans l'avenir et te rendre la vie aussi heureuse qu'on peut l'espérer ici-bas. »

Quelques mois plus tard, il lui écrit de nouveau :

« Je pense aux absents que j'espère bientôt revoir ; hélas ! et à tous ceux dont le bon Dieu nous a séparés. Nous les reverrons, ma chère fille ; la vie passe vite ; et sans les voir déjà, nous en sommes plus près que nous ne pensons. Ils veillent sur nous ; ils prient pour nous. Ils nous suivent de leur affection dans tous les pas de notre vie, souvent si difficile et si pénible. Celle que tu pleures tant, te portera bonheur, j'aime à le croire. Si je ne t'en parle jamais, c'est que je ne peux pas : mes larmes feraient inutilement couler les tiennes. »

L'aïeul avait voué à l'un de ses petits-fils une affection très-vive, qui datait de son berceau ; durant vingt années, il échangea avec lui une aimable et charmante correspondance, couronnée par cette dernière et touchante lettre écrite six jours avant de mourir, pour le féliciter d'avoir passé le dernier examen du doctorat :

« Belloy, 5 juillet 1883.

« Je serai heureux de te revoir, mon cher A...., quand tu pourras me venir. Viens avec ta mère, car elle nous manquerait. Ma main ne veut plus écrire ; mes yeux n'y voient plus ; mes jambes n'ont plus de force. Je ne suis pas malade, mais épuisé. A peine puis-je serrer sur mon cœur mon bien-aimé docteur en droit.

« A toi tendrement,

« Ton vieux grand-père. »

Une de ses petites-filles captiva aussi d'une façon particulière l'affection de son aïeul ; c'est celle que sa piété angélique enferma, dès le printemps de sa vie, derrière les grilles du Carmel d'Amiens. Le 2 octobre 1876, Louise de Belloy dit adieu au monde, et devint la sœur Marguerite-Marie du Sacré-Cœur. Le vieillard noua, avec la jeune carmélite, une amitié sainte et forte, que la douleur de la mort de sa femme vint resserrer encore.

On voudrait qu'il fût possible de dire les épanchements d'amour divin qu'échangeaient, à travers les grilles du cloître, ces deux âmes si bien données à Dieu. Il nous sera permis du moins de citer quelques lettres qui nous feront entrer dans l'intimité de leurs saintes relations. On y verra le grand chrétien, poursuivant sans relâche l'œuvre de sa sanctification, se faire obéissant et mortifié, afin d'avancer plus sûrement. A ses yeux, sa vie est inutile, vide, coupable ; et à l'entendre, il n'est qu'un misérable pécheur, bien indigne que l'on daigne s'occuper de lui au Carmel, dont il prise si haut les vertus. Plein d'admiration pour la ferveur séraphique de la religieuse, sa petite fille, le vénérable aïeul s'en vient à la grille du couvent réclamer humblement, non-seulement ses prières, mais son aide et ses conseils pour aller plus parfaitement à Dieu.

Le 6 septembre 1881, il lui écrit de Gézaincourt :

« Bien-aimée petite-fille et chère Sœur en Jésus-Christ,

« Ta lettre, toute brûlante de l'amour de Jésus, m'a vivement touché ; mais elle m'a bien attristé, dans la pensée qu'il faut que je te désillusionne sur les idées de perfection qu'elle t'a inspirées sur ton indigne grand-père. Grâce à mon imagination qui bat souvent la campagne, il me prend de temps en temps des velléités de perfection qui n'aboutissent jamais. C'est comme un feu follet qui s'évanouit sans laisser de traces. Pour une pensée légèrement formulée et à peine indiquée à la fin de ma lettre, ton cœur et ton imagination ont pris feu ; et bientôt, à te croire, il ne me manquerait, pour me faire Carmélite, que la robe de bure et les sandales. Hélas ! ma chère enfant, que je suis loin de tout ce que ta tendresse imagine pour mon bien. A mon âge, il n'y a plus de feu sacré ; il faut se contenter de se traîner dans l'ornière commune, tant bien que mal, vivant du pain quotidien dont je suis si indigne et dont je ne sais pas profiter ; convenable et même dévot à l'extérieur, ce qui, malgré moi, me donne un vernis de sainteté ; mais froid, tiède (ce qui est pire que d'être froid), sans courage et sans vie à l'intérieur, voilà celui dont tu veux faire un membre du tiers-ordre du Carmel. Moi qui n'ai jamais voulu m'assujettir à aucune règle, à aucune obligation la plus minime, m'assujettir à un règlement, enchaîner ma liberté à des pratiques que j'oublierai d'observer, mais tu n'y penses pas ; je t'admire et je t'aime dans ton ardeur naïve, dans ton amour de perfection qui te rend tout facile et doux ; mais je ne me sens pas la force de te suivre. Tu t'élèves trop vite et trop haut, à des distances où je ne puis te suivre. Plains-moi, mais ne m'abandonne pas ! Car j'aime à t'ouvrir mon cœur, à parler avec toi de ce bon Jésus que je voudrais cependant mieux servir et aimer un peu. Je lui demande tous les jours, par sa croix et par son exemple, de me faire pauvre, petit, nu et seul ; mais, hélas, je n'y parviens guère, et je suis découragé ! Peut-être me viendront de meilleures dispositions et des inspirations plus pressantes, s'il est vrai, comme tu le dis, que c'est par une inspiration d'en haut que m'est venue cette idée qui t'a réjouie. Quand je serai débarrassé de tout ce qui me préoccupe, il faudra six mois pour cela, à mon grand regret, alors il me sera peut-être donné de penser plus sérieusement à ma conversion. Mais vivrai-je jusque-là ? je n'ose l'espérer. En attendant, aide-moi, chère fille, à me soutenir dans son service et son amour, et moi je lui demanderai de bénir et de seconder le zèle qui, au fond du cloître, t'anime pour le salut des âmes, la mienne comprise. »

A son âge, il lui eût été difficile de suivre la règle du tiers-ordre sans de nombreuses dispenses qu'il ne voulut point demander. Il y renonça donc, et accepta avec bonheur l'affiliation, faveur précieuse et fort rarement accordée. Désormais le fervent chrétien se considère avec joie comme étant *un peu du Carmel,* selon son expression ; et il donne à la prieure de la communauté le doux nom de : *notre Mère.* Il veut lui obéir en tout, et jusqu'à la fin de sa vie, sa grande consolation sera de suivre avec fidélité le règlement qu'il a demandé à sa petite-fille, afin d'imiter autant que possible la vie des Carmélites. Écoutons-le parler dans ces deux lettres adressées à la sœur Marguerite-Marie du Sacré-Cœur :

« Gézaincourt, 24 septembre 1881.

« Ma petite Sœur,

« Je suis revenu hier consolé, fortifié, calmé de notre entrevue de jeudi. J'ai été heureux d'obéir à des ordres bien doux, et de recevoir par toi des conseils qui sont des ordres pour moi. Maintenant que je te vois assistée par une Mère vénérable qui veut bien s'intéresser à moi, tu ne peux plus te retrancher derrière ta prétendue jeunesse et inexpérience ; il faudra bien que tu diriges cette pauvre âme aveugle qui cherche la voie dans laquelle elle pourra persévérer. Je te la remets entre les mains, à toi et à cette chère Mère, pour que tu la rendes moins indigne de toi et en fasses une *Carmélite*. Car il me semble que c'est dans l'obéissance que je trouverai la paix de l'âme, ce grand bonheur ! »

« Remiencourt, 22 octobre 1881.

« Chère petite-fille et bien-aimée Sœur,

« Tous les jours je veux t'écrire et je n'en trouve jamais le temps ; il faut cependant que je te rassure. Que devient ce pauvre grand-père au milieu de ses voyages, de ses affaires, de ses distractions forcées, de ses préoccupations de tous genres ? N'a-t-il pas oublié et ses promesses, et ses beaux projets de perfection, et l'affection si touchante de sa petite Sœur, et les conseils (je n'ose pas dire les ordres) de notre bonne Mère ? Non, rassure-toi, je suis resté fidèle. Sans doute, mon imagination s'est calmée. J'ai compris qu'il ne fallait pas chercher à monter trop haut : les chutes sont dangereuses ; qu'il me fallait cheminer humblement et simplement en présence de Dieu dans la voie de l'obéissance, en m'appuyant sur le cœur de ma petite Sœur, aux pieds de notre Mère, à laquelle j'espère pouvoir un jour obéir plus exactement, jour trop éloigné à mon gré, mais qui arrivera enfin, je l'espère. . . . . »

Ces quelques extraits suffisent pour faire deviner ce

qu'il n'est pas possible de dire. On regrette de ne pouvoir montrer avec quel charme la fervente carmélite cherchait à sanctifier cette âme déjà si sainte ; et avec quelle délicatesse elle tâcha d'adoucir, au cœur de son grand-père, les douleurs suprêmes que Dieu lui ménageait, sur le déclin de sa longue existence, comme une préparation prochaine à la mort.

Au mois de janvier 1879, les membres de la famille étaient tous réunis à Amiens dans l'hôtel de la rue des Augustins. Enfants, petits-enfants et arrière-petits-enfants se groupaient autour des deux vénérables vieillards pour célébrer leurs noces d'or. La fête fut chrétienne, digne et comme voilée de tristesse. Un pressentiment douloureux oppressait les cœurs.

La santé frêle et chancelante de la grand'mère, si bonne et si aimée, déclinait visiblement. Depuis plusieurs années Mme Lallart de Lebucquière souffrait, avec une inaltérable patience, des douleurs presque continuelles. Le terme de ses longues souffrances approchait.

Le 1er juin 1881, la pieuse chrétienne s'éteignit sans secousse, entourée de tous les siens. L'époux supporta le coup avec le courage que donne la foi ; mais il avait été atteint au cœur. Un changement rapide et visible se produisit dans tout son être ; et ceux qui l'approchaient ne purent se dissimuler qu'il ne survivrait pas longtemps à la compagne de sa vie.

Il le comprit ; et, avec cette énergie de caractère qui ne s'était pas démentie un seul instant de sa longue vie, il prit aussitôt ses dispositions dernières.

Il tint à mettre lui-même ordre à ses affaires, régla, avec une netteté d'esprit et une sûreté de mémoire étonnantes, les moindres détails de sa succession, fit entre ses enfants le partage de sa fortune qu'il leur abandonna, se démit de ses fonctions de maire, fonctions que les habitants de Gézaincourt, par reconnaissance, confièrent à l'aîné de ses fils ; puis il ne pensa plus qu'à se préparer à la mort.

Ses forces diminuaient rapidement. La marche lui devint presque impossible, et il lui fallut emprunter l'aide d'un bras ! Il s'y résigna sans se plaindre. Mais la pensée de sa fin prochaine ne le quitta plus.

Les deux derniers mois de sa vie s'écoulèrent chez sa fille aînée, à Belloy, où l'affection la plus tendre et les soins les plus délicats l'entourèrent jusqu'à la fin. C'est là que la mort vint le prendre, le 11 du mois de juillet 1883.

Fidèle jusqu'au bout à sa communion quotidienne, il s'était fait conduire à la chapelle du château pour entendre la messe. Aussitôt après, ses forces le trahirent ; il dut s'aliter pour ne plus se relever. Sa langue s'embarrassa : quelques paroles sortaient encore de ses lèvres ; on devinait qu'il priait. Le lendemain, à quatre heures, il expirait doucement dans sa quatre-vingtième année.

Son visage garda dans la mort sa sérénité accoutumée ; et ses traits rajeunis donnèrent à son visage comme une beauté nouvelle.

Les restes mortels de M. Louis Ladlart de Lebucquière reposent, à côté de ceux de sa femme, dans le caveau de la chapelle du château de Gézaincourt.

Arras, imp. du Pas-de-Calais. — P.-M. LAROCHE, directeur.